Emilia Dziubak es una ilustradora establecida en Poznan, Polonia. Graduada de la Escuela de Bellas Artes de Poznan, sus ilustraciones para libros infantiles destacan por su ternura y un estilo delicado y cálido. En 2015 obtuvo el Premio de la Asociación Polaca de Editores de Libros.

Título original: *Niezwykłe przyjaźnie. W świecie roślin i zwierząt*

Asesoramiento científico y redacción: Dra. Anna Szczuka, Dra. Julita Korczyńska
Publicado con el acuerdo con Wydawnictwo Nasza Księgarnia Sp. z o.o.

Gran Via de les Corts Catalanes, 669 bis, 4.º 2.ª, 08013 Barcelona
www.editorialflamboyant.com

Traducción del polaco: © Karolina Jaszecka, 2023
Corrección de textos: Raúl Alonso Alemany

Primera edición: octubre de 2023
ISBN: 978-84-19401-58-8
DL: B 12700-2023
Impreso en Egedsa, Barcelona, España

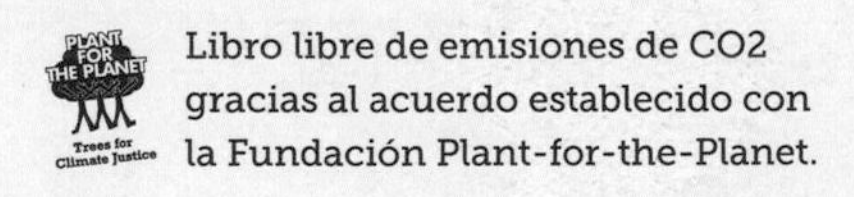

Libro libre de emisiones de CO2
gracias al acuerdo establecido con
la Fundación Plant-for-the-Planet.

EMILIA DZIUBAK

INSEPARABLES

Traducción del polaco de **Karolina Jaszecka**

¡Hola! Me llamo Homer. Soy un gato excepcional. Todos lo saben.
¡Y hoy os contaré una historia espeluznante!

Llevaba una vida tranquila hasta que una mañana todo se derrumbó.
Nada presagiaba una catástrofe así. Justo al volver a casa de
mi paseo diario vi que...

... ¡ni que la caja de arena estuviera sucia!
No había lugar para mí...
¡No podía permitirme que me tomaran a la ligera y me
ofendieran de tal manera! Por ello, decidí dejar aquella casa
inmediatamente y salir a recorrer el mundo en busca de un amigo.
Alguien que me apreciara, me cuidara, me adorase... Mmm...,
solo tenía que decidir cómo debería ser este amigo...

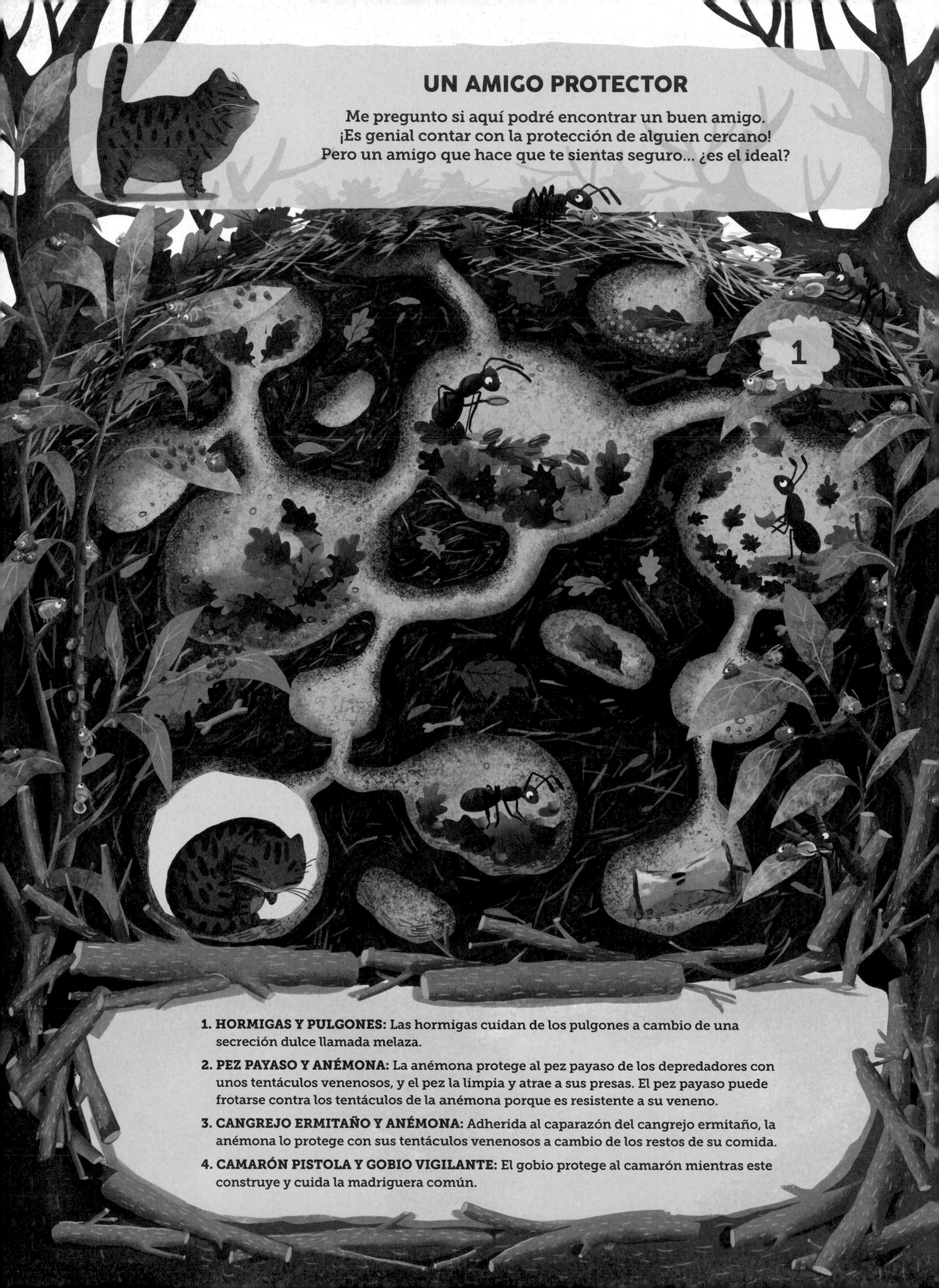

UN AMIGO PROTECTOR

Me pregunto si aquí podré encontrar un buen amigo.
¡Es genial contar con la protección de alguien cercano!
Pero un amigo que hace que te sientas seguro... ¿es el ideal?

1. **HORMIGAS Y PULGONES:** Las hormigas cuidan de los pulgones a cambio de una secreción dulce llamada melaza.
2. **PEZ PAYASO Y ANÉMONA:** La anémona protege al pez payaso de los depredadores con unos tentáculos venenosos, y el pez la limpia y atrae a sus presas. El pez payaso puede frotarse contra los tentáculos de la anémona porque es resistente a su veneno.
3. **CANGREJO ERMITAÑO Y ANÉMONA:** Adherida al caparazón del cangrejo ermitaño, la anémona lo protege con sus tentáculos venenosos a cambio de los restos de su comida.
4. **CAMARÓN PISTOLA Y GOBIO VIGILANTE:** El gobio protege al camarón mientras este construye y cuida la madriguera común.

2
3
4

UN AMIGO A LAS DURAS Y A LAS MADURAS
¡Oh, estos amigos no pueden vivir el uno sin el otro! ¡Qué maravilla! Aunque... a veces me gusta estar a mi aire...
1
2

1. **VACA Y BACTERIAS:** En el estómago de la vaca viven las bacterias que necesita para digerir la comida.
2. **TERMITAS Y PROTOZOOS:** En el sistema digestivo de las termitas habitan los protozoos, sin los cuales estas no digerirían su alimento: la madera.
3. **ORQUÍDEA Y HONGOS:** Una orquídea necesita un hongo para germinar. Cuando la planta crece, le proporciona al hongo compuestos orgánicos a cambio de su ayuda para captar el agua y las sales minerales.
4. **ALGAS Y HONGOS:** Tienen una relación tan estrecha que funcionan como un solo organismo, llamado **LIQUEN**. Los hongos protegen a las algas y les proporcionan agua y sales minerales, y las algas, a su vez, comparten compuestos orgánicos con los hongos.
5. **BOLETO DE PIE ESCABROSO Y ABEDUL:** El hongo suele crecer debajo de un abedul. Sus hifas se desarrollan cubriendo las raíces del árbol, y así le facilitan el acceso al agua y a los minerales; a cambio, el abedul provee al hongo de las sustancias orgánicas que produce.
6. **LEGUMINOSAS Y RIZOBIOS**: Las bacterias transforman el nitrógeno del aire para que las leguminosas puedan beneficiarse de él. A cambio, las plantas les proporcionan compuestos de carbono.

UN AMIGO EN LA LUNA

Un amigo que no sabe que ayuda... Hmm, ¡este desinterés suena tentador! Aunque, ¿sería suficiente para mí una amistad unidireccional?

1. **RÉMORA RAYADA Y TIBURÓN:** La rémora rayada se sujeta con una ventosa especial al cuerpo de un tiburón, se alimenta con los restos de su comida y viaja de polizón.
2. **RODEUS Y MOLUSCOS:** Este pez necesita los moluscos para reproducirse, ya que pone los huevos en su interior a través de su sifón. Las larvas de molusco, a su vez, utilizan a los rodeus adultos como transporte para buscar su nuevo hogar.
3. **ESCARABAJO PELOTERO Y ALCE:** El escarabajo usa los excrementos del alce y de otros animales para construir nidos para sus crías y... para alimentarse.
4. **CACIQUE CRESTADO Y AVISPAS:** Este pájaro construye su nido cerca de avisperos, ya que las avispas ahuyentan a los tábanos, y así protege a sus polluelos de estos insectos.
5. **GARCILLA BUEYERA Y ELEFANTE:** La garcilla acompaña a los animales grandes y se alimenta de insectos que espantan a su paso.

3
4
5

UN AMIGO IDEAL
¡Oh, sí! Los miembros de estas parejas están hechos el uno para el otro.
¡Necesito un amigo así! Qué pena que ya estén todos ocupados.
Tengo que seguir buscando.
1
2
3
4

* La polinización es la transferencia de polen de los estambres de las flores hasta el estigma. Esto hace que salgan nuevas semillas a partir de las cuales crecerá una nueva planta.

1. **MURCIÉLAGO MAGUEYERO MENOR Y FLOR DE SAGUARO:** Cuando bebe el néctar, el murciélago poliniza* las flores que florecen de noche.
2. **ABEJORRO Y FLOR DE TRÉBOL:** El abejorro poliniza el trébol y recibe a cambio néctar dulce.
3. **ARDILLA Y BELLOTAS:** La ardilla se alimenta de bellotas y también las entierra como reserva para el invierno. De las bellotas olvidadas que quedan enterradas, pueden crecer árboles nuevos.
4. **SUIMANGA ALIDORADO Y BOLA AFRICANA DEL REY:** Esta ave, gracias a su pico encorvado, bebe fácilmente el néctar y poliniza la flor al mismo tiempo.
5. **ESFINGE DE LA CORREHUELA Y PHLOX:** Su larga trompeta permite que esta mariposa nocturna pueda beber el néctar y polinice la flor.
6. **RATÓN DE NAMAQUA Y FLOR DE PROTEA:** El ratón, lamiendo el dulce néctar de la flor, la poliniza.
7. **CAPUCHINO E HIGUERA:** El mono digiere solo la pulpa de los higos, y evacua las semillas con las heces. En este excelente abono natural, las semillas dan vida a una nueva generación de higueras.

UN AMIGO DEL TRABAJO

¿Tal vez merecería la pena buscar un compañero de trabajo?
Estos amigos se llevan muy bien. ¿Cazar juntos?
No, gracias. Prefiero descansar solo en el sofá...

1. **NYALA Y BABUINO:** Los babuinos advierten a su manada con sonidos que también son útiles para otros animales, por ejemplo, para los nyalas. Ellos también alertan a los primates con sus llamados.
2. **LOBO Y CUERVO:** Cuervos y lobos han desarrollado una forma poco común de colaboración. Las aves informan a la manada de lobos de dónde está la presa, y, después de haberla cazado, los lobos dejan los restos a los cuervos.
3. **CARBONERO Y ZORZAL:** Estas aves construyen nidos cerca unas de otras y, cuando acecha el peligro, se avisan entre sí.
4. **INDICADOR DE MIEL Y HUMANO:** Algunas tribus africanas colaboran con estas aves en la búsqueda de nidos de abejas. Los pájaros guían a los humanos hasta las colmenas y, a cambio, obtienen miel y cera.

2
3
4

UN FALSO AMIGO
¡Qué tramposos! ¡Se me eriza el pelo en la espalda!
Brrr... Espero no dar nunca con un «amigo» así...
2
1
3
4

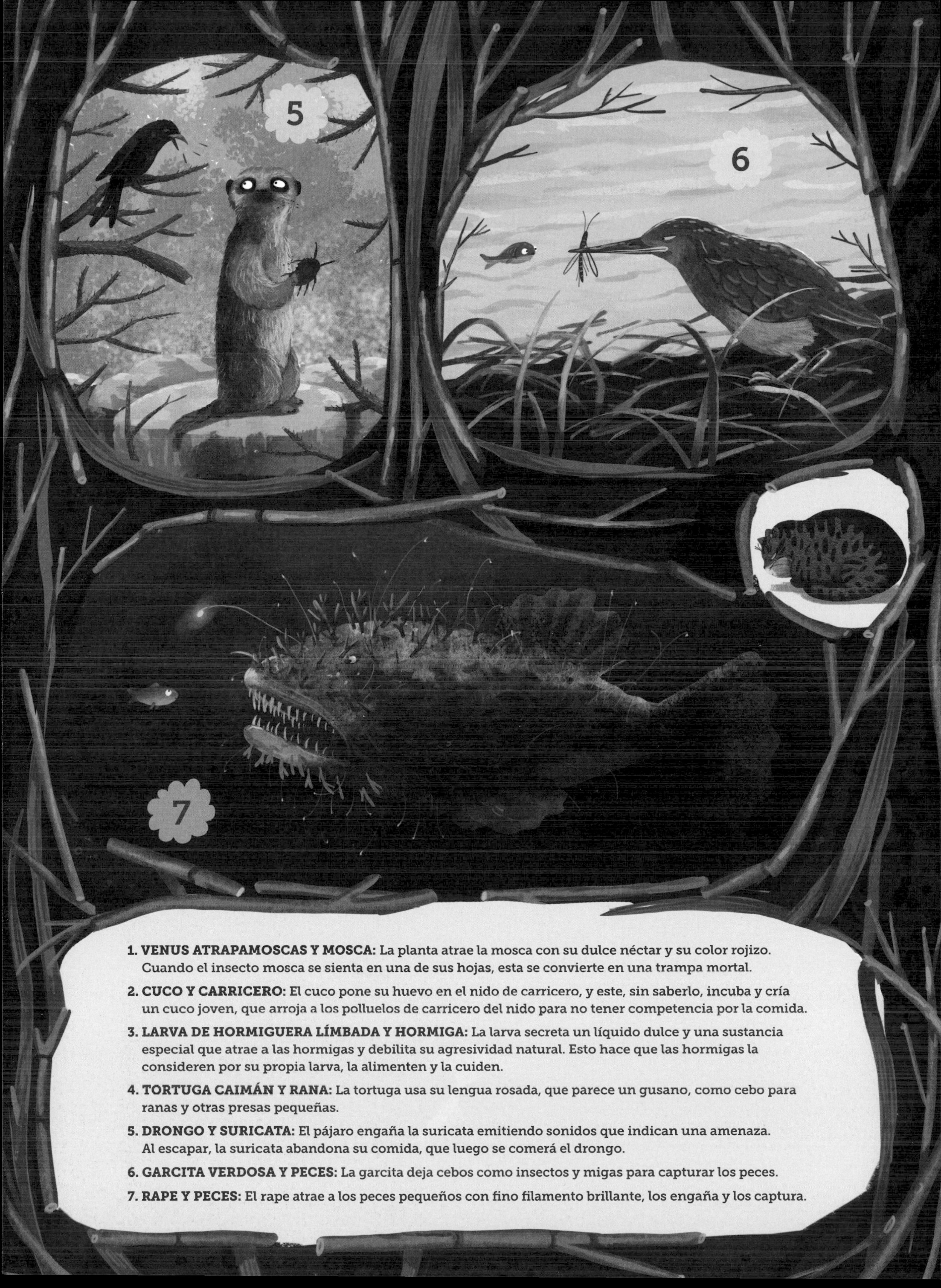

1. **VENUS ATRAPAMOSCAS Y MOSCA:** La planta atrae la mosca con su dulce néctar y su color rojizo. Cuando el insecto mosca se sienta en una de sus hojas, esta se convierte en una trampa mortal.
2. **CUCO Y CARRICERO:** El cuco pone su huevo en el nido de carricero, y este, sin saberlo, incuba y cría un cuco joven, que arroja a los polluelos de carricero del nido para no tener competencia por la comida.
3. **LARVA DE HORMIGUERA LÍMBADA Y HORMIGA:** La larva secreta un líquido dulce y una sustancia especial que atrae a las hormigas y debilita su agresividad natural. Esto hace que las hormigas la consideren por su propia larva, la alimenten y la cuiden.
4. **TORTUGA CAIMÁN Y RANA:** La tortuga usa su lengua rosada, que parece un gusano, como cebo para ranas y otras presas pequeñas.
5. **DRONGO Y SURICATA:** El pájaro engaña la suricata emitiendo sonidos que indican una amenaza. Al escapar, la suricata abandona su comida, que luego se comerá el drongo.
6. **GARCITA VERDOSA Y PECES:** La garcita deja cebos como insectos y migas para capturar los peces.
7. **RAPE Y PECES:** El rape atrae a los peces pequeños con fino filamento brillante, los engaña y los captura.

UN AMIGO OCASIONAL
¿Un amigo solo cuando es necesario? Mmm..., ¡suena tentador!
Pero ¿no es una relación demasiado superficial?
No creo que eso sea lo que quiero.
1
2
3

1. **HIENA Y LEÓN:** Después de la comilona de los leones queda mucha comida para las hienas. En la naturaleza no se desperdicia nada.
2. **LÁBRIDO LIMPIADOR Y MORENA:** Este diminuto pez consigue alimento limpiando la morena de parásitos y de piel muerta.
3. **TORTUGA GIGANTE DE FLOREANA Y PINZÓN DE DARWIN:** La tortuga estira el cuello para que el pinzón se lo limpie. El ave se alimenta de los parásitos de la piel.
4. **PICABUEY Y RINOCERONTE:** El picabuey es otro animal que consigue alimento limpiando, por ejemplo, a un rinoceronte.
5. **COCODRILO DEL NILO Y ANDARRÍOS CHICO:** El pajarito es tan valiente y está tan hambriento que limpia los dientes del cocodrilo.

UN AMIGO ENAMORADO
¿Una amistad que se convierte en amor? Y, además,
entre especies muy diferentes... Esto pasa muy raramente,
así que es poco probable que me pase a mí. ¿O no?
1
2
3

1. **OSO POLAR Y OSO PARDO:** De esta pareja nace un **GROLAR**.
2. **URUGALLO Y GALLO LIRA:** De estas dos especies nace un **RACKELHAHN**.
3. **YEGUA Y ASNO:** El cruce entre estos dos animales es la **MULA**, un animal más tranquilo que un caballo y más grande y fuerte que un asno.
4. **GATO MONTÉS Y GATO DOMÉSTICO:** De la combinación de esta pareja nace un gato único con las características de ambos.
5. **ÁGUILA MOTEADA Y ÁGUILA POMERANA:** En el nido de estas dos especies nos encontraremos con un águila que se parece a sus padres.
6. **ALBUR Y BREMA:** Estas dos especies también suelen tener descendencia común.
7. **YAK Y VACA:** El resultado del cruce de estos animales es el **YAC DOMÉSTICO**.

UN AMIGO DEL BARRIO

¿Amistad con los compañeros de piso? No lo tengo claro. Después de todo, me marché de casa por culpa de ellos. Siempre quieren algo o meten las narices donde no los llaman. Pero también recuerdo momentos agradables...

1. **POLILLA DEL PEREZOSO Y PEREZOSO BAYO:** Las larvas de la polilla se desarrollan en las heces del perezoso, y viven, defecan e incluso mueren en el pelo del animal, hasta convertirse en alimento para las algas. El perezoso lame las algas, que son muy nutritivas.
2. **TORTUGA DE LA FLORIDA Y SERPIENTE LÁTIGO:** La serpiente vive en los huecos excavados por la tortuga.
3. **PÁJARO CARPINTERO Y TERMITAS:** El pájaro carpintero anida en los huecos de las termiteras o incluso los abre él solo; y a veces se alimenta de termitas.
4. **CIGÜEÑA Y GORRIÓN:** Los gorriones viven en nidos de cigüeñas que ahuyentan a los depredadores. A cambio de seguridad, los gorriones limpian el nido de insectos.
5. **HORMIGA ACACIA Y ACACIA CORNIGERA:** La acacia da cobijo a las hormigas dentro de sus espinas, y estas, a cambio, la protegen de los herbívoros y las enfermedades de las hojas.
6. **ESCARABAJO PLATEADO Y HORMIGA ROJA DE LA MADERA:** Las larvas del escarabajo maduran en un hormiguero, sin peligro y con suficiente alimento.

2
3
4
5
6

Estaba a punto de elegir
un amigo cuando me
entraron ganas de...
... dormir. Estaba muy cansado y solo soñaba con acurrucarme y
quedarme dormido. Entonces regresé a casa, y allí resultó que...
HOMER
HOMER
HOMER
... me esperaba mi lecho,
suave y limpio.
En los cuencos de comida
había solo delicias.

¡Todo estaba
impecablemente limpio!
Y en el sofá encontré lo que más echaba de menos... ¿Sabéis qué?
¡No hay mejor lugar que tu propia casa! Especialmente cuando
puedes acostarte en el regazo de tu mejor amigo.

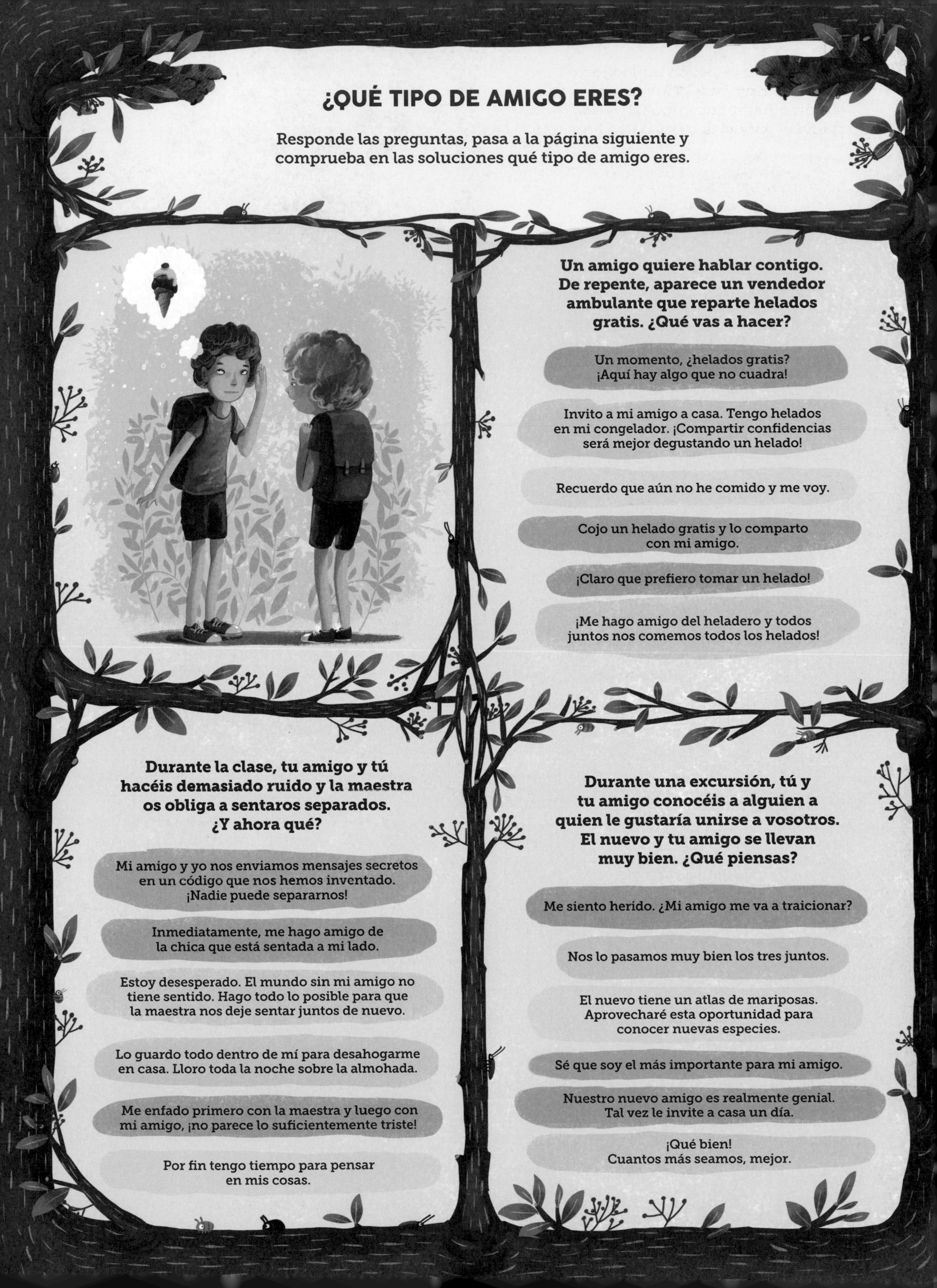

¿QUÉ TIPO DE AMIGO ERES?

Responde las preguntas, pasa a la página siguiente y comprueba en las soluciones qué tipo de amigo eres.

Un amigo quiere hablar contigo. De repente, aparece un vendedor ambulante que reparte helados gratis. ¿Qué vas a hacer?

Un momento, ¿helados gratis? ¡Aquí hay algo que no cuadra!

Invito a mi amigo a casa. Tengo helados en mi congelador. ¡Compartir confidencias será mejor degustando un helado!

Recuerdo que aún no he comido y me voy.

Cojo un helado gratis y lo comparto con mi amigo.

¡Claro que prefiero tomar un helado!

¡Me hago amigo del heladero y todos juntos nos comemos todos los helados!

Durante la clase, tu amigo y tú hacéis demasiado ruido y la maestra os obliga a sentaros separados. ¿Y ahora qué?

Mi amigo y yo nos enviamos mensajes secretos en un código que nos hemos inventado. ¡Nadie puede separarnos!

Inmediatamente, me hago amigo de la chica que está sentada a mi lado.

Estoy desesperado. El mundo sin mi amigo no tiene sentido. Hago todo lo posible para que la maestra nos deje sentar juntos de nuevo.

Lo guardo todo dentro de mí para desahogarme en casa. Lloro toda la noche sobre la almohada.

Me enfado primero con la maestra y luego con mi amigo, ¡no parece lo suficientemente triste!

Por fin tengo tiempo para pensar en mis cosas.

Durante una excursión, tú y tu amigo conocéis a alguien a quien le gustaría unirse a vosotros. El nuevo y tu amigo se llevan muy bien. ¿Qué piensas?

Me siento herido. ¿Mi amigo me va a traicionar?

Nos lo pasamos muy bien los tres juntos.

El nuevo tiene un atlas de mariposas. Aprovecharé esta oportunidad para conocer nuevas especies.

Sé que soy el más importante para mi amigo.

Nuestro nuevo amigo es realmente genial. Tal vez le invite a casa un día.

¡Qué bien! Cuantos más seamos, mejor.

Te han regalado un juego de mesa muy guay. Tú y tu amigo os sentáis a jugar enseguida. Por desgracia, ¡pierdes todas las partidas! ¿Ahora qué?

No me importa. Después de todo, estoy jugando con mi amigo.

Es bueno que gane él, porque últimamente le he notado triste.

Necesito practicar y ganar la próxima vez.

Este juego es aburrido. No quiero jugar más.

Estoy harto y enfadado.

Propongo invitar a más gente a jugar, será más divertido.

Tu amigo lleva unos días triste y no te cuenta lo que le preocupa. ¿Qué haces?

Probablemente esté de mal humor. ¡Es normal!

Lo invito a mi casa. Seguramente, al comer un delicioso pastel, se sincere conmigo.

Seguiré preguntando qué le pasa hasta que me lo diga.

Yo también estoy deprimido.

Busco la compañía de alguien que esté de mejor humor.

Lo animo a jugar juntos. Así no tardará en olvidarse de sus problemas.

Tu amigo trae los rotuladores de colores con los que siempre has soñado. ¿Cómo reaccionas?

¡Él tiene supermarcadores, pero yo tengo superlápices! Le propondré un intercambio.

Los tomo prestados y diseño los planos de mi construcción nueva.

Me despido de mi amigo. Tengo que comprarme unos iguales lo antes posible.

Le envidio y no quiero que juguemos juntos.

Yo tengo pinturas nuevas y organizamos un concurso de arte con un grupo de amigos.

Pregunto si podemos usarlos juntos.

Últimamente, tu amigo se comporta de manera un poco rara... ¡Sospechas que podría ser un extraterrestre! ¿Qué haces?

¡Genial! Me alegro de conocer personalmente a un extraterrestre. ¡Tengo que decírselo a los demás!

Parece sospechoso. Compruebo que no haya más extraterrestres en mi entorno.

Es mi mejor amigo, así que probablemente yo también sea un extraterrestre.

Me pregunto si sabe algo de naves espaciales. Tal vez pueda ayudarme a construir una.

Me preocupa que no tenga a alguien en la Tierra que le cuide. Lo invito a merendar.

Pongo una trampa para extraterrestres y la reviso frecuentemente para ver si ha caído en ella. ¡Por si acaso!

¿Qué color se repite más en tus respuestas?
Descubre en las soluciones qué tipo de amigo eres.

Eres HOMER

La independencia y la confianza son tus puntos fuertes. En la amistad pareces distante y un poco suspicaz, por lo que tus amigos tendrán que esforzarse de verdad para cumplir con tus exigencias. En situaciones de crisis, sin embargo, sabes consolar, abrazar y ronronear alto.

Eres un CAMARÓN

Eres de esas personas con las que uno puede contar. Cuando un amigo necesita comprensión, conversación y atención, siempre puede acudir a ti. Tu casa está abierta para todos. No te gustan las fiestas ruidosas ni los juegos en grupo. Prefieres quedarte en casa.

Eres una HORMIGA

Tienes poco tiempo para la amistad. Estás constantemente pensando en lo que hay que hacer. Las charlas vanas no son lo tuyo. Prefieres la acción. Si un amigo tuyo necesita ayuda con una tarea, estás a su disposición en cualquier momento.

Eres una JUDÍA

Tú y tu amigo sois inseparables. Todo el mundo os conoce como la pareja perfecta, aquella que se complementa en todo. A veces, pareces tímido y retraído. Sueles tener dificultades a la hora de relacionarte, pero una vez que te haces amigo de alguien, ¡será una amistad hasta la muerte!

Eres un ABEJORRO

Sigues buscando al amigo perfecto. Cada nueva persona que conoces te parece más interesante que tus amistades anteriores. ¿Quizá merecería la pena que apreciaras lo que tienes, en lugar de perseguir cosas nuevas? ¡Un verdadero amigo es mejor que uno perfecto!

Eres un LEÓN

Eres el rey de la fiesta. Todos sueñan con ser tus amigos, así que sueles estar rodeado de muchos. Como corresponde a un verdadero león, defenderías a cada uno de ellos sin dudarlo. Siempre pueden contar contigo, calmas los conflictos y brillas allá donde vas.

El camarón ha decidido sorprender a su amigo el pez y
ha construido una nueva casa para los dos. Pero la casa
es tan grande que ahora no puede encontrar la salida...
Resuelve el laberinto con el dedo y ayuda
a los dos amigos a reencontrarse.